autre livre pour cuisiner avec d'autres idée… Je sais que tu aimes ce genre de cuisine, alors voilà ! Arnaud

Chef Simon

Wok'n roll

Photographies d'Alexandra Duca

Stylisme de Julie Schwob

Remerciements de l'auteur :
À Sab sans qui Chefsimon.com n'aurait pas l'envergure qu'il a aujourd'hui.
À Thomas, Théo, Lucas, pour m'avoir soutenu dans la gestation de cet ouvrage.
À tous ceux de ma famille.
À Laurent et Véronique, Marie-Laure et Philippe, Dominique pour leur indéfectible et incompréhensible amitié teintée d'une estime inoxydable.

Julie Schwob remercie chaleureusement Rebecca et Stéphane, du restaurant Stanie's, 15 rue Monsigny à Paris pour leurs boî-boîtes (!), le service de presse Habitat pour son aide constante et ses beaux shoppings, Aurélie pour sa confiance, Alexandra pour ses photos et Stephen pour l'essentiel et bien plus encore !

Crédits shopping :
Habitat : woks pages 1, 9, 21 et 25 ; bols pages 1, 4, 9, 31, 47, 49, 73 et 87 ; assiettes pages 5, 13, 23, 33 et 35 ; verres pages 35 et 37 ; à retrouver sur www.habitat.fr.
The Conran Shop : assiettes pages 19, 71 ; torchon page 43 ; bols pages 65 et 81 ; verre page 65 ; assiette page 5 et 75.
Ikea : bols pages 4, 5, 7, 69 et 83 ; serviettes pages 5, 7 et 71 ; sets page 73 ; assiette page 87.
Casa : sets page 5 et 75.
Tissus Reine : tissus pages 4, 5, 13, 19, 25, 29, 35, 57 et 83.
Castorama : papiers peints pages 4, 47, 63, 65 et 79.

ISBN : 978-2-7540-0884-6
Dépôt légal : 3e trimestre 2008
Imprimé en France - n° L47201
Édition : Aurélie Starckmann
Conception graphique : Zadig
Photos © Alexandra Duca
Pictogramme © Pascale Etchecopar

Nous nous efforçons de publier des ouvrages qui correspondent à vos attentes et votre satisfaction est pour nous une priorité. Alors, n'hésitez pas à nous faire part de vos commentaires :

Éditions First
60, rue Mazarine
75006 Paris – France
e-mail : firstinfo@efirst.com
Site internet : www.efirst.com

Sommaire

Introduction

Oyé, Oyé... ! Wokons et rollons avec jubilation dans nos cuisines !

High-tech ou basique, esthétique ou pratique, sophistiqué ou utile, antiadhésif ou non... la liste serait longue. Le wok, c'est beau à regarder et c'est bon de cuisiner avec...

Originellement le wok est conçu pour cuire très vite et restituer une chaleur vive, il est connu pour le saisissement rapide des aliments et la saveur particulière souvent connotée « cuisine asiatique ». Mais le wok est aussi un outil de cuisson multi-usage. Frire, sauter, braiser, pocher, rissoler, mijoter, cuire vapeur lentement ou rapidement : le wok est étonnant. Il donne de fait un caractère original aux réalisations culinaires. Le wok s'est aussi occidentalisé et a en quelque sorte muté. Absorbé, imité et transmuté, il s'est fait adopter par nombre d'entre nous.

La plupart des recettes pour le wok restent limitées et répétitives. Mais quoi de plus affligeant que de devoir utiliser ce récipient de cuisson initialement « à tout faire » pour cuisiner la même recette déclinée sous tous les angles... Pourquoi ne pas employer votre wok pour réaliser des potages, des desserts, des garnitures, des plats cuisinés et mijotés ?

J'ai envisagé cet ouvrage avec la naïveté du cuisinier à qui l'on confie un objet esthétique presque mystérieux, et sans aucun a priori. Avec simplicité j'ai donc évité de m'inspirer d'ouvrages existants, ou de redondances stériles, et essayé d'inventer. Les thèmes que m'inspirent les woks : l'ouverture et la mixité culturelles, mais aussi l'expérimentation et les techniques optimales de cuisson, et surtout se faire plaisir, et s'étonner soi-même.

Je ne mentionne pas précisément le sel, ni le poivre, mais les épices et aromates : libre ensuite à vous de compenser votre besoin d'assaisonnement. Les quantités des ingrédients varieront selon que vous partagerez ces plats avec de simples, ou de véritables amis. La notion de temps en cuisine reste irréductiblement aléatoire, et ce en fonction des produits, des matériels et du savoir-faire.

Il va de soi que les performances conjuguées des woks, des sources d'énergie et des produits influenceront le résultat. Il va de soi également que le bon sens est partie prenante du succès de mes recettes et que l'essentiel de la réussite vous appartiendra. Pour conclure, vous avez toute liberté, tout loisir de remplacer un ingrédient par un autre, un assaisonnement par un condiment, ou une musique par une autre... La cuisine est l'apprentissage de la désobéissance et de l'indépendance !

Amusons-nous et émerveillons-nous en regardant la magie opérer dans le précieux et si intrigant wok, et puisque la cuisine interpelle nos sens, « wokons » en musique ! Les titres accompagnant les recettes proposées m'ont véritablement inspiré et accompagné pour la préparation (préparatifs, cuisson et dégustation). Vous y trouverez aussi des clins d'œil où musique et cinéma se télescopent. Bien sûr, chacun pourra modifier la discographie... mais à ses risques et périls !

Chef Simon : http://chefsimon.com

« The Show Must Go on », Pink Floyd – *The Wall*.

Gentille brouillade d'œufs et méli-mélo de ratatouille

coût faible • préparation : 15 min • cuisson : 15 min • pour 4 personnes

wok - spatule silicone - plat

4 gousses d'ail - 1 belle aubergine

3 poivrons - 3 courgettes

5 tomates Roma

10 feuilles de basilic rouge

2 oignons rouges

très vieux parmesan râpé

2 cuil. à soupe de chapelure

2 cuil. à soupe d'huile

12 gros œufs de qualité

Épluchez les poivrons, ainsi que les tomates et l'aubergine épépinées. Taillez les courgettes en bâtonnets. Émincez finement les oignons rouges. Taillez l'ensemble en dés réguliers.
Chauffez le wok et l'huile. Faites sauter les oignons et l'ail, et ajoutez les légumes taillés. Laissez compoter à feu doux et à couvert pendant une dizaine de minutes. Réservez la ratatouille saupoudrée avec le mélange chapelure-parmesan dans un plat. Placez au four chaud jusqu'à coloration.
Cassez les œufs dans un bol et assaisonnez-les de sel et de poivre. Replacez le wok au chaud et versez les œufs. Laissez cuire tout doucement sans cesser de mélanger avec la spatule jusqu'à l'obtention d'un mélange crémeux, et ajoutez le basilic ciselé finement.
Servez la ratatouille en couronne sur assiette et les œufs en son centre.

On écoute « Tout le monde il est beau, tout le monde il est gentil » interprété par Jean Yanne.

Œufs libres débrouillés aux champignons « On the Wild Side »

coût peu élevé • préparation : 10 min • cuisson : 3 min • pour 4 personnes

wok - spatule silicone

12 œufs - 2 échalotes

250 g de champignons de Paris

200 g de pleurotes

2 cuil. à café de tapenade

1 cuil. à café d'huile de truffe

1 cuil. à soupe d'huile d'olive

30 g de beurre demi-sel

1 cuil. à soupe d'estragon frais

Escalopez les champignons de Paris, effeuillez les pleurotes, ciselez les échalotes, concassez l'estragon. Chauffez le wok avec le beurre, faites sauter vivement les champignons de Paris, ajoutez les pleurotes, les échalotes, l'estragon, et faites sauter à nouveau vivement. Réduisez le feu et ajoutez la tapenade noire.
Réservez, essuyez le wok, chauffez-le avec l'huile d'olive. Cassez les œufs et faites-les cuire très rapidement dans le wok en remuant. Parfumez avec l'huile de truffe. Mélangez avec les champignons. Servez avec du pain beurré.

On écoute « Walk on the Wild Side » de et par Lou Reed (avec Marie dans la vieille ville de Concarneau en plein été…).

Nage expresse de noix de Saint-Jacques aux billes d'avocats

entrée • coût élevé • préparation : 20 min • cuisson : 10 min • pour 4 personnes

wok - pinces de cuisine
spatule - écumoire
cuiller à lever
assiettes creuses

12 belles noix de Saint-Jacques nettoyées

150 g de carottes jeunes

4 avocats mûrs

150 g de soja frais

100 g de petits pois frais ou surgelés

1 bouquet d'échalotes vertes ou de ciboulette

2 fleurs de badiane

1 cuil. à soupe d'huile d'arachide - 1 cuil. à café d'huile de sésame

2 cuil. à soupe de nuoc-mâm

2 dl de riesling

1/2 l de fumet de poisson

1 Rincez les noix de Saint-Jacques sous un filet d'eau et épongez-les avec soin. Épluchez et taillez les carottes en fins bâtonnets. Prélevez des boules de chair d'avocat, triez le soja.

2 Chauffez l'huile d'arachide. Faites sauter vivement les carottes sans les colorer, puis ajoutez le soja et les petits pois crus. Baissez le feu.

3 Mouillez avec le vin blanc et le fumet et portez à petite ébullition 3 minutes. Ajoutez le nuoc-mâm, l'huile de sésame, et la badiane. Gardez les légumes croquants, et disposez-les dans le creux des assiettes. Laissez la nage sur le feu.

4 Plongez les noix de Saint-Jacques 3 minutes dans le bouillon. Posez-les ensuite sur les légumes ainsi que les billes d'avocat. Versez la nage bouillante sur les noix, répartissez les verts d'échalotes ciselés en surface.

Le Chef Simon a toujours quelque chose à dire

Préférez la taille des légumes au couteau, c'est l'assurance de garder des légumes encore croquants. Pour l'esthétique, ajoutez au sommet de l'assiette quelques pistils de safran ou quelques graines de sésame grillées.

Suggestions musicales

Cette nage sans alcool se mariera à merveille avec « Back to Black » d'Amy Winehouse.

Magicals mystery gambas frites

entrée • coût élevé • préparation : 15 min • cuisson : 5 min • pour 4 personnes

wok - pinces de cuisine
bols chinois

- 12 très belles gambas
- 1 cuil. à soupe de farine
- 1,5 dl d'huile d'arachide
- 1 cuil. à soupe d'huile de sésame
- 2 cuil. à soupe de jus de Yuzu
- paprika doux
- crème épaisse aux herbes au choix assaisonnée ou fouettée

Décortiquez les gambas en conservant les têtes attachées au corps. Préparez la pâte d'enrobage en mélangeant la farine avec son équivalent d'eau froide. Versez l'huile de sésame puis salez et poivrez. Trempez les gambas dans la pâte. Chauffez l'huile d'arachide dans le wok. Lorsqu'elle est chaude, déposez les gambas sans les superposer et laissez saisir, puis retournez-les et placez-les aussitôt sur la grille du wok. Lorsque toutes les gambas sont colorées, rassemblez-les et saupoudrez de paprika, salez et poivrez. Égouttez et servez dans des bols chinois avec la crème légèrement fouettée, additionnée de jus de Yuzu et assaisonnée de sel et de poivre.

On écoute le vibrant « Requiem » de King Crimson qui ne vole rien à Mozart !

Mouclade nord-sud

entrée • coût moyen • préparation : 20 min • cuisson : 10 min • pour 4 personnes

wok - spatule

- 2 l de moules de bouchot, grattées et rincées
- 3 belles échalotes hachées
- 1 branche de thym
- quelques feuilles de céleri vert coupées finement
- 1 cuil. de curry fort en poudre
- 2 dl de crème fleurette - 2 dl de vin blanc sec
- 1 cuil. à soupe d'huile d'olive ou 30 g de beurre

Faites suer ensemble les échalotes et la branche de thym dans de l'huile ou du beurre. Ajoutez le curry et mélangez. Versez le vin blanc et portez à ébullition. Versez la crème et portez à ébullition rapidement. Placez les moules dans le wok et mélangez. Couvrez. Mélangez 2 ou 3 fois pour répartir la cuisson. Ajoutez le céleri.
Dégustez dès l'ouverture des moules.

On écoute « Douce » d'Arno le débonnaire !

Jacuzzi de ravioles frémissantes au foie de morue fumé

entrée • coût faible • préparation : 30 min • cuisson : 10 min • 4 personnes

wok - spatules - 2 paniers vapeur bambou

21 feuilles de pâte à raviole chinoise (petits paquets)

1 cuil. à café de cerfeuil - 1 cuil. à café de ciboule - 1 cuil. à soupe de menthe hachée

30 g d'amandes hachées

2 boîtes de foie de morue fumé

200 g de soja cru

2 cuil. à soupe de thé vert

Posez à plat les carrés de pâte de 5-6 cm de côté.
Mélangez le foie de morue écrasé avec les herbes ciselées et les amandes hachées, puis répartissez-le au centre des carrés de pâte.
Pliez les bords et soudez-les en pressant. Placez le soja cru dans le fond des paniers en bambou et posez les ravioles sur le soja.
Dans le wok, versez 1 litre d'eau et faites infuser 2 cuillerées à soupe de thé vert. Lorsque l'eau dégage sa vapeur, placez le premier panier bambou et laissez cuire 7 minutes. Retirez le panier et laissez cuire le second.
Servez avec salade croquante et vinaigrette piquante.

On écoute d'une traite *Amused to Death* de Roger Waters.

Mignon de porc sauté au caramel librement inspiré par Sunnath

plat • coût moyen • préparation : 15 min • cuisson : 30 min • pour 4 personnes

wok - spatules - casserole

700 g de filet mignon de porc

200 g d'échalotes

2 c. à s. de mélasse ou 1 c. à s. de sucre semoule

2 à 3 c. à s. de sauce nuoc-mâm - huile d'arachide - sauce soja à discrétion

200 g de nouilles chinoises

3 badianes - 2 bâtons de cannelle - 1 c. à c. de laurier en poudre - 1 c. à c. de cinq-épices chinois

Détaillez le filet mignon en une myriade de fines tranches. Hachez les échalotes et chauffez l'eau pour les nouilles chinoises.
Chauffez le wok avec un fond d'huile. Placez les tranches de viande au fond du wok et faites-les saisir, faites ensuite suer les échalotes. Au fur et à mesure de la cuisson, remontez les morceaux sur les bords du wok. Au centre, ajoutez la mélasse et laissez colorer lentement.
Déglacez avec le nuoc-mâm et ajoutez de l'eau froide à hauteur. Parfumez avec la sauce soja agrémentée de laurier en poudre. Ajoutez la badiane, la cannelle et le cinq-épices. Laissez cuire 20 minutes à frémissement et à couvert.
Faites cuire les nouilles chinoises, et servez porc et nouilles à part.

Se prépare avec « Osez Joséphine » et « Privé » d'Alain Bashung.

Crevettes grises sautées façon « Bouba Gump »

plat • coût élevé • préparation : 25 min • cuisson : 10 min • pour 4 personnes (ou 8 en mini-entrée)

wok - spatule

hachoir - mixer - bols

250 g de crevettes grises épluchées et cuites

12 superbes gambas crues

50 g de farine

2 dl de lait de coco

50 g d'ananas et 20 g de gingembre confits

3 gousses d'ail - 2 oignons

2 cuil. à café de beurre de cacahuètes

50 g de cacahuètes épluchées et non salées

le jus de 2 citrons verts

1 cuil. à soupe d'huile d'arachide

ciboulette

100 g de riz incollable

1 Épluchez les gambas en prenant soin de conserver les têtes et épongez-les. Taillez les fruits confits en petits dés. Hachez l'ail et l'oignon très finement. Ciselez la ciboulette. Au mixer, mélangez le lait de coco et le beurre de cacahuètes jusqu'à l'obtention d'une pâte lisse.

2 Dans le wok, versez l'huile et chauffez doucement. Farinez les gambas et tapotez-les pour enlever l'excédent de farine. Testez sur une gamba la chaleur de l'huile : la gamba doit être saisie. Posez les gambas au fond du wok, surtout sans les superposer, retournez-les dès la coloration et posez-les sur la grille au fur et à mesure. Veillez à ne pas laisser brunir l'huile.

3 Torréfiez les cacahuètes dans l'huile, ajoutez le hachis d'oignons et d'ail. Couvrez et baissez le feu quelques minutes. Laissez suer l'ensemble sans colorer.
Ouvrez le wok, placez les crevettes grises et les dés de fruits confits sur la surface. Versez le mélange coco/beurre de cacahuètes. Mélangez et si besoin détendez avec un peu de lait de coco. Assaisonnez.

4 Placez au fond d'un bol un peu de riz incollable cuit et la garniture. Posez dessus les gambas. Pressez le jus des deux citrons verts sur les gambas et couvrez de ciboulette fraîche.

Le Chef Simon a toujours quelque chose à dire

Cours Forrest, cours... ! Inspiré directement de la scène mémorable de *Forrest Gump*, ou comment décliner la Crevette en astiquant le parquet !

Suggestions musicales

On écoute « I Am Your Animal » de Gong (*Live Etc.*).

Cours !

Coup de bambou de saumon au cinq-épices

plat • coût moyen • préparation : 20 min • cuisson : 10 min • pour 4 personnes

wok - spatule
saladier

4 beaux pavés de saumon sans peau, ni arêtes

1 boîte de pousses de bambou en tranches

1 cuil. à café de cinq-épices chinois

1 cuil. à soupe de mélasse (ou miel)

4 cuil. à soupe de sauce soja

5 cl d'alcool de riz

12 litchis épluchés

2 poivrons rouges - 1 poivron vert

2 belles carottes

1 oignon rouge

1 à 2 cuil. à soupe d'huile de tournesol

1 Rincez et détaillez les pavés de saumon en 4 aiguillettes, épongez-les. Égouttez les pousses de bambou. Épluchez les poivrons, détaillez-les en lanières, et taillez les carottes en julienne. Émincez l'oignon finement.

2 Chauffez le wok doucement et versez l'huile. Jetez l'oignon, puis les poivrons, les carottes et les pousses de bambou dans le wok, montez la température et mélangez à l'aide de la spatule. Assaisonnez avec le cinq-épices. Goûtez pour savoir si les légumes sont croquants. Débarrassez-les alors dans un saladier et couvrez pour garder au chaud.

3 Rincez le wok et faites chauffer avec 1 cuillerée à soupe de mélasse. Lorsque celle-ci commence à cloquer (faire des bulles), versez la sauce soja, l'alcool de riz et mélangez.

4 Posez les aiguillettes de saumon quelques minutes dans la sauce, et retournez-les pour obtenir une cuisson à peine rosée. Réservez-les sur la grille au fur et à mesure de la cuisson.
Dressez les légumes en dôme sur l'assiette et disposez harmonieusement les aiguillettes de saumon. Versez la sauce autour du dôme et posez les litchis (froids) pour rafraîchir l'ensemble très épicé.

Le Chef Simon a toujours quelque chose à dire

Ne tentez pas de saisir le poisson dans le fond du wok chaud. Le risque d'adhérence est important. En utilisant la forme et le volume du wok pour passer du rissolage à l'étouffée et à la vapeur, vous obtiendrez les plus subtiles saveurs.

Suggestions musicales

On écoute « Le monologue du sergent instructeur Hartman » dans l'excellent *Full Metal Jacket* de Stanley Kubrick !

Noix de pétoncles, tomates, basilic et quota d'anchois

plat • coût moyen • préparation : 30 min • cuisson : 10 min • pour 4 personnes

wok - pinces de cuisine

spatule

presse-ail

mixer

250 g de noix de pétoncles décoquillées

200 g de coques cuites et décoquillées (en barquette)

4 tomates Roma

150 g d'anchois à l'huile dessalés

1/2 bouquet de basilic

1/2 bouquet de persil haché

4 gousses d'ail dégermées

5 cl d'alcool anisé

1 cuil. à soupe d'huile d'olive

400 g de tagliatelles fraîches

1 Éliminez les nerfs des noix de pétoncles. Rincez les coques cuites et décoquillées.
Mondez et épépinez les tomates, puis coupez-les en petits dés. Ciselez le basilic frais. Écrasez au presse-ail les gousses d'ail. Hachez finement le persil (l'équivalent d'un volume de persil non haché dans un verre standard). Hachez 150 g d'anchois à l'huile au mixer avec l'alcool anisé.

2 Chauffez le wok avec l'huile d'olive. Testez la chaleur en y posant une noix. Celle-ci doit crépiter.

3 Saisissez les noix de pétoncles sans les superposer et vérifiez l'intensité de la cuisson pour ne pas brûler les « sucs ». Retirez-les au fur et à mesure de leur coloration.

4 Jetez l'ail, mélangez sans laisser colorer, puis ajoutez les tomates. Baissez le feu. Replacez les noix de pétoncles et ajoutez les coques rincées. Couvrez avec le persil et le basilic et mélangez délicatement. Servez immédiatement sur assiette et dôme de tagliatelles très chaudes, juste cuites et mélangées au mixé d'anchois.

Le Chef Simon a toujours quelque chose à dire

Démarrez votre wok seulement quand votre garniture est prête (ici les tagliatelles).

Suggestions musicales

On écoute en boucle « Comfortably Numb » des Pink Floyd.

Bouillabaisse tentaculaire au thon rouge, au thé vert et sans accent

plat • coût élevé • préparation : 30/40 min • cuisson : 25 min • pour 8 personnes

wok - spatules

- 800 g de filet de thon rouge
- 4 rougets grondins
- 16 petits poulpes
- 1 cuil. à soupe d'huile d'arachide
- 1/2 l de thé vert
- 4 oignons - 1 jaune d'œuf
- 4 tomates Roma
- 1 bulbe de fenouil
- 1 dose de safran
- 2 dl d'huile d'olive
- 1 grosse pomme de terre
- 2 gousses d'ail
- sel - piment d'Espelette
- 1/2 baguette en fines tranches
- 1 cuil. à café d'ail semoule

1 Détaillez le thon en cubes de 2 cm sur 2 cm. Tronçonnez mignardement les rougets après les avoir grattés et vidés. Coupez les petits poulpes en deux de la tête aux tentacules après les avoir préparés.

2 Faites cuire la pomme de terre à l'eau et avec la pelure, puis épluchez-la en la gardant tiède. Émincez les oignons. Mondez et épépinez les tomates, et concassez-les. Émincez le bulbe de fenouil.

3 Préparez la rouille : écrasez la pomme de terre, pilez l'ail finement, puis ajoutez un jaune d'œuf. Montez comme une mayonnaise avec 2 dl d'huile d'olive et ajoutez une dose de safran, sel et piment d'Espelette. Réservez au froid. Séchez au four les rondelles de baguette légèrement huilées.

4 Chauffez le wok avec l'huile d'arachide et faites rissoler les oignons, le fenouil en mélangeant. Ajoutez la tomate et l'ail semoule, puis versez le thé et portez à ébullition. Laissez réduire d'un quart, placez les poulpes et couvrez. Laissez cuire 5 minutes. Ouvrez et posez les cubes de thon et les rougets, couvrez et cuisez à feu doux à nouveau 5 minutes.

Le Chef Simon a toujours quelque chose à dire

Pour renforcer l'appellation « tentaculaire », il est amusant de servir ce plat avec nouilles chinoises ou simples spaghettis, vermicelles...

Suggestions musicales

« Tropical Fish » du mystique groupe Gong.

Filets de rouget barbet passés au sauna de chou chinois

plat • coût élevé • préparation : 15 min • cuisson : 10 min • pour 4 personnes

wok - panier vapeur en bambou - spatules - pinces de cuisine

1 chou chinois - 1 poivron rouge

2 c. à s. de sauce nuoc-mâm 2 fleurs de badiane

12 filets de rouget écaillés et désarêtés

200 g de soja cru

1 bouquet de persil plat - 10 g de livèche - coriandre fraîche - 3 carottes

5 cl d'huile d'arachide - 1 cuil. à moka de cinq-épices chinois

Gardez quelques grandes feuilles du chou chinois et émincez le reste, épluchez et émincez en fines lanières le poivron. Écrasez l'ail, hachez le persil et concassez la coriandre. Taillez les carottes en bâtonnets, nettoyez et triez le soja.
Dans le fond du panier en bambou, posez la badiane. Tapissez le fond du panier avec les feuilles de chou.
Disposez la livèche, le poivron et les filets de rouget au-dessus en éventail. Versez en surface la sauce nuoc-mâm.
Faites chauffer le wok avec l'huile d'arachide. Faites sauter vivement les bâtonnets de carottes, ajoutez le soja, le chou chinois et le cinq-épices. Posez le panier directement sur le chou, baissez le feu et couvrez. Laissez cuire 5 minutes à feu doux.
Les légumes rendent leur eau et offrent un bain de vapeur aux filets de poisson. Une alliance du cru et du cuit.

On écoute « I'm Sorry Man, No Fish Today » de Kid Creole and the Coconuts...

Pogo et mêlée ouverte de légumes très craquants et quelques lardons

plat végétarien • coût moyen • préparation : 15 min • cuisson : 10 min • pour 4 personnes

wok - mandoline

4 carottes - 3 gousses d'ail - 50 g de champignons noirs

Poivrons : 1 rouge, 1 vert, 1 jaune - 150 g de pois gourmands - 3 gros oignons rouges

150 g de lardons fumés

2 cuil. à café d'huile de sésame - 5 cl d'huile d'arachide - 440 g de noix de cajou - 1 c. à s. de graines de sésame

1/2 l de bouillon de volaille

Réhydratez les champignons noirs. Torréfiez les graines de sésame sans excès. Chauffez le wok, ajoutez l'huile d'arachide. Torréfiez rapidement les noix de cajou et débarrassez-les. Faites sauter les lardons et repoussez-les sur les bords du wok, puis ajoutez successivement les carottes, les poivrons, l'ail, les oignons hachés et les pois gourmands au fond du wok.
Mouillez avec un demi-litre de bouillon de volaille et versez quelques gouttes d'huile de sésame, puis ajoutez les champignons noirs.
Portez à ébullition 2 à 3 minutes et servez aussitôt.

On écoute « Anarchy in the U-K » des Sex Pistols.

Le Che Chili révolutionnaire

plat • coût moyen • préparation : 40 min • cuisson : 1 h • pour 6/8 personnes

wok
hachoir

1,5 kg de tende de tranche tendre

5 gros oignons

3 gousses d'ail

100 g de lentilles

100 g de haricots rouges

3 tomates

100 g de maïs

100 g de pesto rouge

100 g de tomates séchées

1/2 pot de basilic en feuilles

thym - laurier - cumin - piment - paprika

500 g de riz de Camargue

1 Préparez les oignons, l'ail. Mondez et épépinez les tomates, coupez-les en morceaux. Taillez la viande en cubes (ne pas hacher). Cuisez les haricots et les lentilles ou ouvrez les boîtes et rincez-les.

2 Faites rissoler les oignons coupés en morceaux. Repoussez-les sur les bords du wok. Au centre ajoutez la viande et saisissez-la. Lorsque la température vous semble élevée, faites tomber les oignons, ajoutez l'ail et mélangez le tout. Couvrez, baissez le feu et laissez cuire 10 minutes.

3 Ajoutez la tomate concassée. Épicez et mélangez. Laissez mijoter encore 10 minutes en mélangeant. Ajoutez les grains de maïs et couvrez.

4 Faites cuire le riz dans une eau bouillante pendant 8 minutes et rincez-le.
Tenez au chaud avec le pesto rouge, des lanières de tomates séchées et le basilic ciselé.
Servez dans des assiettes creuses en disposant le riz en couronne autour du mélange viande/légumes.

Le Chef Simon a toujours quelque chose à dire

Le chili est bon quand il mijote longtemps. Cependant, si vous le dégustez plus tôt, le point de référence sera la cuisson de la viande. Cuisson courte : saveur fraîche ; cuisson longue : saveur corsée.

Suggestions musicales

On écoute « My My Eh Eh » *out of the blues* de Neil Young and Crazy Horse.

Manchons frits de volaille du Kentucky du vieil Everett

plat • coût moyen • préparation : 30 min • cuisson : 30 min • pour 6 personnes

wok
plat allant au four
pinces de cuisine
mixer

6 pilons et 12 ailerons de volaille

1 petite boîte de chapelure

2 dl d'huile d'arachide

1 cuil. à café de colombo

1 petite boîte de concentré de tomate

1 cuil. à café d'ail en poudre

2 cuil. à soupe de ketchup

2 gros oignons

4 belles échalotes

1 bouquet de thym

150 g de moutarde ancienne

1 Épluchez les oignons, les échalotes, coupez-les en dés. Dans un plat allant au four déposez les ailerons et les pilons avec le thym. Faites-les rôtir à 170 °C pendant 20 minutes couverts de papier aluminium.

2 Préparez la marinade : mélangez le ketchup, le concentré de tomate, le colombo, l'ail en poudre et la moutarde ancienne de façon homogène.

3 Sortez les ailerons et les pilons du four. Mixez à part les oignons et les échalotes cuits et gardez-les en condiment.

4 Trempez les morceaux de volaille dans la marinade. Égouttez-les et roulez-les dans la chapelure, et à nouveau dans la marinade, et encore dans la chapelure. Faites chauffer l'huile dans le wok, plongez-y petit à petit les morceaux de volaille et laissez-les frire modérément pour les rendre croustillants. Remontez les morceaux frits sur la grille.

Le Chef Simon a toujours quelque chose à dire

Servez avec une excellente salade verte, ou d'avocats, ou de tomates fraîches. Pour obtenir une jolie coloration, ne tentez pas de frire toute la volaille en même temps. Saupoudrez de paprika et de fleur de sel en fin de cuisson, c'est divin.

Suggestions musicales

« I'm a Man of Constant Sorrow », extrait de la bande originale du film *O'Brother* des frères Cohen.

Triboulettes carnées

plat • coût moyen • préparation : 25 min • cuisson : 10 min • pour 4 personnes

wok - écumoire - hachoir à viande - spatules - robot - calotte

200 g de viande de bœuf (tende de tranche) - 200 g de viande d'agneau (épaule) - 200 g de viande de volaille (blanc de poulet)

1 kg de tomates

3 oignons - 3 gousses d'ail

3 dl de fond de veau lié - 15 cl de Noilly Prat

1 poivron rouge - 1 poivron vert

1 cuil. à soupe de maïs - 150 g de farine - huile

3 tranches de pain en chapelure - 3 œufs

Hachez séparément les 3 viandes et ajoutez à chacune de manière égale : la chapelure de pain, l'ail, les œufs, les poivrons, le maïs et les oignons hachés. Reconstituez le fond de veau en le gardant fluide. Mondez et épépinez les tomates pour les concasser à cru (vous pouvez ausssi utiliser des tomates concassées en boîte).

Formez des petites boulettes de chaque viande et roulez-les dans la farine. Dans le wok, chauffez un peu d'huile. Rissolez les boulettes et colorez-les sans brûler le fond du wok. Posez les boulettes sur la grille au fur et à mesure de la cuisson.

Incorporez les tomates. Laissez compoter l'ensemble et terminez en ajoutant le Noilly. Posez les boulettes sur la surface et couvrez pendant 5 minutes. Servez avec du riz cuit à l'eau.

Les triboulettes se préparent en écoutant « Mamadou l'épicier » de Ali Farka Touré et Toumani Diabaté.

Émincé de bœuf au paprika

plat • coût élevé • préparation : 15 min • cuisson : 10 min • pour 4 personnes

wok - spatule - pinces de cuisine

800 g de filet de bœuf de très bonne qualité

30 g de beurre doux

4 échalotes

5 gousses d'ail écrasées

2 dl de vin blanc sec

1 cuil. à café de paprika doux

1 pot moyen de pesto rouge

2 dl de crème liquide - 1 bouillon Kub

150 g de tomates séchées

Épluchez les échalotes et ciselez-les très finement. Délayez le bouillon Kub dans le vin blanc sec mis à tiédir. Coupez en morceaux les tomates séchées (en petites lanières). Tranchez le filet de bœuf en lanières de 1 cm de section sur 7 cm de long. Saupoudrez et enrobez de paprika.

Chauffez le wok avec du beurre doux. Quand le beurre devient noisette, placez les aiguillettes de filet et colorez-les en les retournant avec patience, sans les superposer. Gardez-les saignantes et posez-les sur la grille. Cette opération doit être rapide !

Faites suer les échalotes et l'ail, puis versez le pesto rouge dégraissé. Baissez le feu et mélangez avec le vin blanc. Laissez réduire un peu à feu doux. Ajoutez la crème et portez à ébullition. Servez avec des spaghettis ou du riz pilaf.

On écoute « Late Home Tonight » de Roger Waters (Part 1 - *Amused to Death*).

Slow risotto aux pointes d'asperges

plat • coût élevé • préparation : 25 min • cuisson : 25 min • pour 4 personnes

wok

1 spatule siliconée
et trouée au centre

casserole

200 g de riz spécial risotto

1 ou 2 très belles bottes d'asperges vertes

4 belles échalotes

1 l de bouillon corsé de volaille

1 dl de crème liquide

parmesan

beurre

1 Épluchez les asperges de la tête à la queue en fuseau. Fagotez-les, faites-les cuire 4 minutes à l'eau bouillante salée et rafraîchissez-les. Puis coupez les asperges au tiers supérieur en veillant à ne pas écraser les pointes.

2 Ciselez puis faites suer les échalotes au beurre sans colorer. Versez le riz et mélangez l'ensemble.
Versez le bouillon de volaille petit à petit dans le riz et mélangez à feu très doux.

3 Surveillez la cuisson et rajoutez du bouillon au fur et à mesure qu'il est absorbé.

4 En cours de cuisson, ajoutez les queues d'asperges détaillées en petits tronçons. Lorsque le riz est cuit et encore ferme à cœur, stoppez la cuisson en versant 1 dl de crème liquide dans le wok. Saupoudrez de parmesan râpé et posez les pointes d'asperges à la surface.

Le Chef Simon a toujours quelque chose à dire

C'est bien quand c'est bien fait et surtout pas brûlé... Pas question de quitter la scène pendant la cuisson ou de se laisser distraire. Gardez votre casque vissé sur les oreilles et restez concentré en écoutant un disque en boucle.

Suggestions musicales

« Within You Without You » de George Harrison (The Beatles), mais aussi « My Sweet Lord » du même en solo.

Sauté de lapinou sublimé aux petits oignons et aux mini-lardons

plat • coût moyen • préparation : 15 min • cuisson : 30 min • pour 4 personnes

wok - spatules

1 lapin - 250 g de lard fumé en lardons

50 g de beurre doux

200 g de petits oignons

200 g de champignons

1/2 l de vin blanc

2 cuil. à soupe de moutarde ancienne

1 bouquet de persil

quelques feuilles d'estragon

Lavez et épluchez les légumes. Taillez les champignons en cubes moyens (escalopez) et coupez les oignons en petits dés. Taillez fin les lardons en enlevant couenne et cartilage. Coupez le lapin : les cuisses en trois et le râble en quatre ; détachez les pattes avant.
Chauffez le beurre noisette dans le wok. Placez les morceaux de lapin sans les superposer et colorez-les superficiellement. Posez-les sur la grille au fur et à mesure.
Mettez les lardons et les champignons dans le wok et faites-les sauter vivement. Ajoutez les oignons. Mélangez sans attendre la coloration, ajoutez la moutarde et enrobez l'ensemble en mélangeant.
Déglacez au vin blanc. Replacez les morceaux de lapinou et laissez cuire à couvert et à feu doux 20 minutes. Verdissez le tout avec le persil et l'estragon hachés finement juste au moment de servir.

Accompagnez le lapinou de « Satisfaction » des Rolling Stones !

Médaillons de filets d'agneaux innocents au pré-vert

plat • coût élevé • préparation : 30 min • cuisson : 30 min • pour 4 personnes

wok - pinces - spatule

2 jolis carrés de jeunes agneaux

1 botte de cresson - 300 g d'épinards équeutés

3 dl de crème liquide

1 cuil. à soupe d'huile d'olive - 30 g de beurre

1 cuil. à café de garam masala médium

5 feuilles de sauge

Faites lever les 2 filets des carrés par votre boucher en lui demandant de vous rendre les petits « filets mignons » (derrière les os) !
Chauffez l'huile, colorez les filets coupés en deux dans la longueur, assaisonnés et épicés. Rectifiez l'assaisonnement et posez les morceaux sur la grille.
Ajoutez le beurre et posez les épinards et les feuilles de cresson. Baissez le feu et couvrez. Laissez cuire quelques minutes et mélangez pour faire tomber la verdure, puis ajoutez la crème. Pendant la réduction, détaillez les filets en médaillons.
Égouttez un peu, si nécessaire, le vert pour ôter de la crème, disposez-le au centre de l'assiette et placez avec harmonie l'agneau sur le vert. Décorez avec la sauge.

L'agneau s'accompagne bien sûr de « No Future », des Sex Pistols.

Trilogie de l'homme à la tête de chou au chorizo

plat • coût moyen • préparation : 20 min • cuisson : 25 min • pour 4/6 personnes

wok

casserole

couteau éminceur
ou mandoline
ou robot trancheur

12 choux de Bruxelles

1 petit chou-fleur

1 chou chinois

1 chorizo fort

3 oignons émincés

3 gousses d'ail écrasées

4 à 6 chipolatas

5 dl de bouillon de volaille

2 cuil. à café de gingembre confit

2 cuil. à soupe de pignons de pin

1/2 bouquet de ciboulette

quelques feuilles de menthe fraîche

1 Préparez les légumes. Taillez le gingembre confit en petits cubes. Nettoyez les choux de Bruxelles. Émincez très finement le chou-fleur et le chou chinois. Blanchissez quelques minutes dans une casserole les choux de Bruxelles à l'eau bouillante. Rafraîchissez-les et coupez-les en deux.

2 Tranchez le chorizo épluché en dés moyens et placez-les dans le wok. Faites rissoler sans excès et à température modérée. Ajoutez les oignons, l'ail écrasé et faites suer légèrement sans colorer. Placez ensuite le chou-fleur, le chou chinois et mélangez. Couvrez et laissez cuire doucement. Lorsque les choux ont rendu une partie de leur eau, ajoutez les choux de Bruxelles et le bouillon, baissez le feu et laissez cuire à couvert pendant 8 minutes.

3 Posez les chipolatas sur la grille, ajoutez le gingembre sur les choux, puis laissez cuire à couvert pendant 5 à 7 minutes à allure très douce.

4 Piquez les chipolatas pour juger de leur cuisson. Servez dans des bols avec les pignons de pin et les herbes fraîches ciselées.

Le Chef Simon a toujours quelque chose à dire

On peut se contenter de ce mélange subtil sans avoir recours à un féculent supplémentaire. Le choix des herbes se fera également au feeling pour donner du relief à ce plat très terrien.

Suggestions musicales

Se déguste sans discussion en écoutant « Child in Time » de Deep Purple et « Aux armes etc. » de Serge Gainsbourg.

Salade chaude de lentilles vertes et de cochonnaille montagnarde

plat • coût moyen • préparation : 20 min • cuisson : 50 min • pour 4/6 personnes

wok - casserole - spatule

- 4 saucisses de Montbéliard
- 2 cuil. à soupe de moutarde ancienne en grains
- 250 g de lentilles vertes du Puy
- 12 pommes de terre vitelottes
- 4 carottes taillées en bâtonnets fins
- 2 oignons
- 1 gousse d'ail
- branches et feuilles de thym et laurier
- 1 cuil. à café de saindoux
- 1/2 l de bouillon de volaille
- 3 cuil. à soupe de cerneaux de noix

1 Préparez les légumes. Taillez les oignons en dés et écrasez l'ail. Faites cuire à part les vitelottes 15 minutes à l'eau. Préparez le bouillon de volaille (en tablette). Rincez les lentilles à l'eau froide.

2 Tranchez les 4 saucisses en tronçons réguliers de 1 à 1,5 cm de section. Chauffez le saindoux et saisissez les saucisses en surface. Baissez le feu et ajoutez les oignons, les carottes, le thym, le laurier et l'ail. Laissez cuire 15 minutes. Ajoutez la moutarde et mélangez.

3 Versez le bouillon froid, mettez les lentilles, et laissez cuire doucement à couvert une vingtaine de minutes.

4 Concassez les noix et ajoutez-les en fin de cuisson.

Le Chef Simon a toujours quelque chose à dire

La cuisson des lentilles se fait calmement, sans s'énerver. Il est bon de ne pas s'en éloigner, les lentilles, tout comme les gens, réagissant aux influences extérieures (calcaire, acides, chaleur...). Un œil acéré saura, avec le soutien de l'odorat, vous alerter de l'imminente cuisson. Il sera peut-être nécessaire d'ajouter un peu d'eau en cours de cuisson, si les lentilles vous semblent imparfaitement cuites.

Suggestions musicales

Le « Slow Food » d'Aston Villa, parce que le pédantisme culinaire peut aussi être tourné en dérision.

Foie gras en ballottine aux langoustines et à la coppa

plat • coût élevé • préparation : 25 min • cuisson : 11 min • pour 6 personnes

wok
film plastique alimentaire

1 lobe de foie gras de canard de 500 g
1 cuil. à soupe d'huile d'olive
10 belles langoustines
20 tranches fines de coppa
sel - poivre noir concassé
5 cl de Noilly ou de porto blanc
1 sachet de gelée

Ouvrez le lobe et retirez les veines sanguinolentes avec soin. Salez et poivrez en surface, et arrosez d'alcool. Conservez-le au froid. Décortiquez les langoustines. Gardez les carcasses et les pattes entières.
Chauffez le wok à feu doux, huilez. Placez les carcasses, coffres et pinces écrasées des langoustines et laissez colorer, puis versez 1 litre d'eau et faites mijoter pendant 15 minutes. Enrobez les langoustines crues de coppa.
Séparez le foie gras en 2 parties étalées sur une feuille de film alimentaire. Répartissez les langoustines sur la longueur, au centre du foie gras. Refermez le foie sur lui-même et enroulez-le dans le film alimentaire. Donnez à l'ensemble une forme allongée de ballottine. Chassez l'air et piquez les dernières bulles d'air avec une petite aiguille. Serrez et ficelez.
Dispersez le contenu d'un sachet de gelée dans le bouillon de crustacés frémissant. Plongez-y la ballottine pendant 10 minutes et refroidissez-la aussitôt dans un grand récipient d'eau glacée. Placez ensuite le foie encore emballé dans une terrine adaptée et réservez au froid. Consommez au minimum 48 heures plus tard.

On écoute « Douce France » chanté par le groupe Carte de Séjour.

Crème d'endives garantie sans maroilles du tout !

plat • coût moyen • préparation : 10 min • cuisson : 15 min • pour 6 personnes

wok - planche - couteaux - spatule - mixer

1 kg d'endives
200 g de pommes de terre
1 tête d'ail fumé
2 cuil. à soupe de farine
50 g de beurre doux
1 c. à s. de crème entière
mimolette vieille et cassante

Épluchez l'ail, les pommes de terre et ôtez le trognon des endives. Taillez les pommes de terre en petits dés, émincez l'ail et les endives finement.
Faites fondre le beurre dans le wok, ajoutez l'ail puis les endives. Montez le feu et laissez fondre les endives. Ajoutez les cubes de pommes de terre et mélangez. Saupoudrez avec la farine et mouillez d'eau à mi-hauteur en mélangeant pour éviter que le fond n'attache. Faites cuire à petite allure. Ajoutez 1 cuillerée de crème entière et mixez le tout. Cette crème douce sera sublimée par quelques éclats de mimolette servis en condiment.

La crème d'endives, surtout sans maroilles, s'écoute avec « Le Tango de l'ennui » de François Béranger, par lui-même mais aussi par Sanseverino !

Confit de bulbes pour le cas du cassoulet apatride

plat • coût moyen à élevé • préparation : 25 min • cuisson : 30 min • pour 6/8 personnes

wok - pinces de cuisine
spatules

10 très grosses échalotes « cuisses de poulet » - 2 têtes d'ail - 20 petits oignons (« sauce » ou « grelots »)

6 chipolatas - 8 merguez - 1 chorizo fort

1 filet de canard

1/2 saucisson à l'ail

150 g de quinoa rouge cuit

1 bocal de mini-épis de maïs

50 g de purée de piments

5 tomates Roma mondées et épépinées

100 g de tomates séchées sans peau et mixées

1 boîte 4/4 de haricots rouges

gingembre confit en cubes - pesto rouge

200 g de tomates cerises

1. Épluchez les bulbes et laissez-les entiers. Dégraissez le filet de canard, conservez la couverture de graisse et détaillez-la en losanges. Tranchez les merguez, le chorizo et les chipolatas en petits tronçons de 1 cm de section. Coupez le saucisson à l'ail en grosses tranches. Pochez le quinoa 5 minutes à l'eau frémissante et rafraîchissez-le.

2. Chauffez le wok avec les losanges de graisse de canard. Saisissez le filet de canard rosé, débarrassez-le, puis ajoutez les merguez, les chipolatas, le chorizo en même temps. Débarrassez à coloration. Enlevez la moitié de la matière grasse.

3. Faites confire les bulbes à allure douce, sans couvrir, une dizaine de minutes. Débarrassez les bulbes quand ils sont légèrement colorés.

4. Ajoutez les tomates Roma en dés, le maïs, la purée de piments, les haricots rouges, le gingembre, le mixé de tomates séchées, le pesto, le quinoa, les viandes, couvrez et laissez mijoter 5 minutes doucement. Détaillez le canard en escalopes avant de le servir avec les tomates cerises crues.

Le Chef Simon a toujours quelque chose à dire

Ici je ne mets pas de basilic, ni d'huile d'olive, ni de fleur de sel, ni de produits tendance... La mixité de ce cassoulet est généreuse et tolérante et je me moque de l'origine, contrôlée ou non, des charcuteries.

Suggestions musicales

Au titre de « l'universalité », je propose d'accompagner ce mélange surprenant et fraternel de « Redemption Song » et « Exodus » de Bob Marley.

Minestrone universel

plat unique • coût moyen • préparation : 20 min • cuisson : 30 min • pour 6/8 personnes

wok
spatules
mixer à soupe

- 4 saucisses fumées
- 100 g de vermicelles
- 1 tête de fenouil - 1 tête d'ail
- 1 cuil. à soupe d'huile
- 100 g de flageolets cuits
- 50 g de pois chiches cuits
- 50 g de haricots verts cuits
- un bocal de 200 g de lingots cuits
- 1 petit pot de pesto vert
- 2 cuil. à soupe de tomate concentrée
- 1 boîte 4/4 de tomates concassées
- 50 g de petits pois surgelés ou en boîte
- 1 baguette
- parmesan râpé

1. Chauffez le wok calmement, ajoutez l'huile et rissolez les morceaux de saucisses fumées. Placez-les aussitôt sur la grille. Ajoutez l'ail écrasé et le fenouil émincé finement. Faites suer l'ensemble à feu doux. Ajoutez la tomate concentrée et la tomate concassée, le petit pot de pesto et les légumes cuits. Mouillez avec 1 litre d'eau. Faites cuire lentement à faible ébullition pendant 20 minutes.

2. Pendant la cuisson, tranchez la baguette en rondelles épaisses. Posez-les sur une grille avant de les huiler légèrement. Salez, saupoudrez de parmesan et passez au four 5 minutes pour obtenir de jolis croûtons.

3. Lorsque le minestrone se termine, mixez, ajoutez les vermicelles et les petits pois surgelés, et laissez cuire 5 minutes doucement.

4. Servez dans une soupière ou des assiettes accompagné des croûtons tièdes.

Le Chef Simon a toujours quelque chose à dire

Terriblement sublimé par du pesto vert et de la tapenade en condiments d'accompagnement !

Suggestions musicales

Au soleil couchant, sur la terrasse, le regard dans le vague, profitez de « Stand by Me » et « I Want to Know » d'Adriano Celentano, et de « Across the Universe » des Beatles.

Pot-au-feu déstructuré et névrotique

plat • coût peu élevé • préparation : 20 min • cuisson : 20 min • pour 4 personnes

wok - calotte - mandoline ou robot

- 500 g de rumsteck
- 4 os à moelle
- 8 pommes de terre Roseval
- 2 gros oignons - 1 vingtaine de petits oignons nouveaux
- 150 g de carottes primeur - 200 g de navets jeunes - 200 g de blancs de poireaux
- 1 bouquet de jeunes échalotes vertes
- 4 gousses d'ail - 3 clous de girofle
- 1/2 baguette
- 4 œufs durs
- 1 dl de mayonnaise
- persil - câpres - cornichons
- 1 bouquet garni (vert de poireau, feuilles de laurier et thym)
- fleur de sel d'Algarve

1 Épluchez et lavez, puis taillez très rapidement les légumes en bâtonnets fins. Taillez très vite le rumsteck en cubes moyens de 1,5 cm de côté maximum. Sans attendre, rissolez avec modération les gros oignons émincés, aussitôt ajoutez les petits oignons, les légumes taillés, l'ail en gousse, les clous de girofle et la viande. Mouillez avec 1 litre et demi d'eau adjoint d'un sacré beau bouquet garni, salez le bouillon après la reprise d'ébullition et laissez cuire une vingtaine de minutes à petits bouillons. À la fin de la cuisson, placez-y les échalotes vertes débarrassées des 2/3 des verts.

2 Faites cuire les pommes de terre rapidement à l'autocuiseur et épluchez-les. Faites cuire 4 œufs durs 10 minutes à petite ébullition sans sel ni vinaigre. Dans le pot-au-feu ajoutez les os à moelle à mi-cuisson (la cuisson devrait prendre 10 à 20 minutes selon votre matériel). Pendant le temps libre faites sécher au four les rondelles de baguette.

3 Hachez le persil, écrasez les œufs finement et mélangez-les à la mayonnaise avec le persil, les câpres et les cornichons hachés grossièrement. Servez dans des assiettes à soupe avec la fleur de sel d'Algarve.

4 Vous avez déjà terminé... Ça sent le pot-au-feu, ça a le goût du pot-au-feu et ça a mis quatre heures de moins. Profitez-en pour préparer une salade fraîche, pour l'accompagner !

Le Chef Simon a toujours quelque chose à dire

Le pot-au-feu pour gens pressés, c'est une sacrée bonne idée, et c'est même très bon. On peut le réchauffer le lendemain, mais n'employez que de la viande de première catégorie.

Suggestions musicales

Vraiment névrotique ?... oui bien sûr, mais seulement avec « The Black Angel's Death Song » de Velvet Underground... et les « Time » de David Bowie et des Pink Floyd.

Hard rock métal de lotte au lard fumé

plat • coût élevé • préparation : 15 min • cuisson : 10 min • pour 4 personnes

wok - spatules - pinces de cuisine - ficelle de cuisine

800 g de lotte en filet

12 belles tranches très fines de jambon cru

2 dl de crème fraîche liquide

3 échalotes ciselées

1 dl de Noilly Prat

1 c. à s. de farine

1 noix de gingembre - 1 piment doux vert

le jus de 2 citrons verts

2 c. à s. d'huile d'arachide

Au préalable, épluchez, cuisez et râpez le gingembre. Détaillez la lotte nettoyée et parée en 12 médaillons. Enveloppez-les de jambon. Maintenez-le avec de la ficelle.
Chauffez le wok avec l'huile, farinez les portions de lotte/jambon. Colorez-les superficiellement et montez-les au fur et à mesure sur les bords du wok.
Baissez le feu, ajoutez les échalotes, le gingembre râpé, le piment taillé en petits dés. Déglacez au Noilly et au citron vert, puis crémez. Faites réduire légèrement.
Versez la sauce dans les assiettes. Posez les paupiettes de lotte au centre.
Servez avec des pois gourmands et une jardinière de légumes sur le côté.

Se prépare, se cuit et se déguste en écoutant « Speed Metal Symphony » du groupe Cacophony, par lui-même, Steve Vai, Joe Satriani, Yngwie Malmsten !

Encornets à l'ail fin de concert

plat • coût moyen • préparation : 15 min • cuisson : 10 min • pour 4 personnes

wok - spatules - fouet - écumoire - petite louche

500 g de petits encornets nettoyés

2 fleurs de badiane - alcool anisé

ail rose frais - pulpe d'ail fraîche - ail semoule

1/2 l de fumet de poisson - 2 dl de crème de soja

1 cuil. à café de fécule ou arrow-root

5 cl d'huile d'arachide - 3 cl d'huile de sésame

Dans le wok, faites chauffer les huiles puis sauter vivement les encornets.
Baissez le feu et ajoutez les gousses d'ail rose, saupoudrez avec l'ail en poudre et ajoutez la pulpe d'ail. Versez l'alcool anisé, la badiane. Saupoudrez avec l'arrow-root (ou fécule) et mélangez.
Mouillez avec le fumet et laissez cuire doucement jusqu'à l'obtention d'une liaison très légère et un peu brillante, puis crémez. Terminez en ajoutant un bouquet de persil haché très fin.
Servez sur un lit de nouilles fraîches.

Se déguste au son des Velvet Underground & Arno qui interprètent « Heroin ».

Poulet au pot très grande vitesse

plat • coût moyen • préparation : 20 min • cuisson : 15 min • pour 8 personnes

wok - pinces à volaille - pinces de cuisine

- 1 poulet de 1,7 kg environ
- 4 carottes - 8 navets
- 1/2 céleri-rave
- 4 gros oignons
- 200 g de petits oignons
- 4 verts de poireaux
- 200 g de petits pois surgelés
- 4 gousses d'ail
- 5 cl à 1 dl de sauce soja
- 1 cuil. à soupe de vergeoise ou de cassonade
- 1 dl d'alcool de riz
- 1 cuil. à soupe de Maïzena
- 1 l de bouillon de volaille
- 2 dl de crème de soja
- 400 g de riz blanc
- 1 bouquet garni (vert de poireau, feuilles de laurier et thym)

1 Épluchez, lavez et taillez les légumes en julienne, émincez les oignons, les poireaux, écrasez l'ail, épluchez les petits oignons.

2 Reconstituez le bouillon de volaille. Découpez le poulet en 8 parts.

3 Portez le wok à la chaleur avec 2 cuillerées à soupe d'huile d'arachide. Saisissez les morceaux de poulet côté peau sans colorer. Montez les morceaux sur les parois au fur et à mesure, puis baissez le feu.

4 Ajoutez les petits oignons et le sucre. Déglacez avec la sauce soja, l'alcool de riz et mouillez au bouillon. Ajoutez les légumes, puis laissez cuire calmement une quinzaine de minutes.
Délayez la Maïzena dans de l'eau froide et versez lentement dans le wok en mélangeant doucement jusqu'à léger épaississement. Versez la crème de soja et laissez mijoter quelques minutes à peine. Servez avec le riz blanc juste cuit à l'eau salée.

Le Chef Simon a toujours quelque chose à dire

On peut faciliter la réalisation et économiser encore plus de temps en choisissant de cuisiner les seuls blancs sans peau… mais quelle perte de saveur ! Et il est préférable de choisir le jeune poulet élevé en plein air plutôt que la traditionnelle poule plus dure à cuire.

Suggestions musicales

On écoute obligatoirement « It's a Miracle » de Roger Waters (*Amused to Death*) et « Good Morning » des Beatles !

Filets de canard en aiguillettes au citron vert et cuisses de poulet

plat • coût moyen • préparation : 20 min • cuisson : 10 min • pour 4 personnes

wok
casserole
spatule
pinces de cuisine
zesteur

2 très beaux magrets de canard ou 4 petits filets de canard

2 citrons verts

4 échalotes « cuisses de poulet »

2,5 dl de fond de volaille

200 g de tagliatelles fraîches

10 g de petits oignons grelots

12 gousses d'ail dégermées

1 bouquet de thym très frais

1 Séparez la graisse de la chair du canard. Détaillez la graisse en petits losanges. Lavez les citrons et passez l'écorce au zesteur. Pressez le jus. Épluchez les petits oignons grelots. Ciselez finement les échalotes. Faites cuire les tagliatelles *al dente* et refroidir à l'eau froide.

2 Chauffez progressivement le wok. Déposez quelques morceaux de gras et vérifiez s'ils sont en train de frire. Ajoutez alors tous les losanges de gras de canard. Couvrez et laissez la graisse fondre. Récupérez celle-ci et laissez « grésiller » les morceaux de gras pour les rendre croustillants, baissez le feu et ajoutez les petits oignons, l'ail en gousse et le bouquet de thym vraiment frais. Couvrez. Quand l'ensemble est croustillant et attendri, réservez.

3 Une fois le wok débarrassé, versez 2 à 3 cuillerées à soupe de graisse de canard et chauffez. Faites rissoler les morceaux de canard au fur et mesure dans le fond du wok et repoussez-les sur les côtés dès qu'ils commencent à colorer.

4 Replacez la garniture au centre, ajoutez les échalotes ciselées et mélangez avec le canard, versez le jus de citron, les zestes. Versez le bouillon de volaille et portez à ébullition rapidement. Ajoutez les tagliatelles et couvrez. Servez aussitôt.

Le Chef Simon a toujours quelque chose à dire

Paradoxalement le canard supporte aussi la surcuisson, mais la teinte rosée lui va si bien…

Suggestions musicales

« Don't Let Me Be Misunderstood » de Santa Esmaralda, version *Kill Bill*.

Négligé aux parfums d'Asie

plat • coût moyen • préparation : 20 min • cuisson : 3/5 min • pour 4/6 personnes

wok

spatules

pinces de cuisine ou baguettes

12 feuilles de riz coupées en 2

4 échalotes

200 g de hachis de porc

2 petits blancs de volaille

coriandre fraîche

1 petite boîte de maïs doux

16 langoustines crues et décortiquées

5 cl de vinaigre de riz

2 cuil. à soupe d'huile de sésame

2 cœurs de laitue

1 piment doux

1 cuil. à café de cinq-épices chinois

3 dl d'huile d'arachide

1 Épluchez les échalotes avant de les ciseler finement. Hachez la coriandre. Taillez les blancs de volaille en petits cubes.

2 Mélangez la farce et les dés de volaille, le maïs, les échalotes et la coriandre hachée. Ajoutez le cinq-épices chinois.

3 Sur un torchon propre et humide posez les demi-feuilles de riz une à une. Au centre déposez l'équivalent d'1 cuillerée à soupe de farce. Placez la queue de langoustine, repliez les côtés des feuilles vers la farce, puis enroulez l'ensemble fermement. Laissez à l'air le temps de faire les autres rouleaux.

4 Chauffez l'huile dans le wok. Lorsque celle-ci est chaude, placez les rouleaux et retournez-les dans le bain d'huile avec les baguettes ou la spatule, jusqu'à ce que vous obteniez une légère coloration et un dessus croustillant. Débarrassez et mettez au four au fur et à mesure. Servez avec les feuilles de salade et le mélange vinaigre de riz, huile de sésame et le hachis de piment doux.

Le Chef Simon a toujours quelque chose à dire

Le four est nécessairement réglé à 100 °C pour maintenir la chaleur et le croustillant sans accentuer la cuisson.

Suggestions musicales

On écoute « Black Magic Woman » de Carlos Santana.

Pochouse de champignons shiitakes et hara-kiri de grosses crevettes

plat • coût moyen • préparation : 15 min • cuisson : 15 min • pour 6 personnes

wok - planche
couteau

150 g de spaghettis chinois

200 g de soja frais

50 g de champignons noirs à réhydrater

250 g de champignons de Paris

300 g de grosses crevettes roses décortiquées

200 g de crevettes grises décortiquées

16 filets de rouget

3 gros oignons

1 noix de gingembre frais

40 g de petits pois

6 à 8 petites saucisses asiatiques au piment

1/2 l de fumet de poisson

1. Réhydratez les champignons noirs dans l'eau tiède. Nettoyez les champignons, hachez le gingembre. Tronçonnez les petites saucisses.

2. Faites rissoler les oignons émincés avec les queues des grosses crevettes fendues en deux dans la longueur, puis ajoutez les champignons de Paris coupés en dés, ainsi que les champignons noirs émincés. Ajoutez le soja frais, faites-le suer, puis mouillez-le avec un demi-litre de fumet de poisson. Portez à petite ébullition et ajoutez les petits pois, le gingembre râpé.

3. Ajoutez les petites crevettes grises, puis les tronçons de saucisses, et enfin les spaghettis chinois pour quelques minutes à peine, le temps de leur cuisson.

4. Donnez une bonne ébullition quelques secondes et posez le wok au milieu de la table sur un réchaud. Au fur et à mesure de la dégustation, trempez les filets de rouget dans le bouillon pour les cuire à peine.

Le Chef Simon a toujours quelque chose à dire

Ce plat aquatique a l'avantage de laisser à chaque produit sa saveur propre et d'éviter le joyeux mélange des saveurs et des textures. Tous ensemble, tous pareils et tous différents ! Soyez attentif à la juste cuisson des spaghettis chinois : une cuisson prolongée risquerait de transformer ce chef-d'œuvre en un cauchemar.

Suggestions musicales

Se prépare avec « The Least We Can Do Is Wave to Each Other » de l'inégalé groupe Van der Graaf Generator, et se déguste sur « Father's Shout » des Pink Floyd dans *Atom Heart Mother*.

Joues de lotte rosies aux pistils de safran

plat • coût moyen • préparation : 15 min • cuisson : 10 min • pour 4 personnes

wok - spatule - pinces de cuisine

16 joues de lotte

2 betteraves rouges cuites

50 cl de cidre brut bouché

2 yaourts nature brassés

4 belles échalotes - 1 trait de sauce soja - marjolaine

1 botte de radis - 4 carottes

400 g de semoule de blé moyenne - safran

Parez les joues de lotte (ôtez la pellicule nerveuse qui en gêne la dégustation). Taillez les carottes en julienne, ciselez les échalotes, hachez quelques feuilles de marjolaine, tranchez en lamelles les betteraves rouges. Taillez les radis en deux dans la longueur. Émincez très finement les feuilles de radis.
Chauffez le cidre dans le wok. Ajoutez la julienne de carottes avec les échalotes et les radis. Laissez réduire l'ensemble doucement.
Ajoutez les joues de lotte, la betterave et la marjolaine. Laissez cuire 7 minutes environ. Ajoutez les yaourts brassés pour qu'ils prennent couleur.
Servez avec de la semoule en dôme et saupoudrez d'un petit peu de safran.

On écoute « Lady Grinning Soul » de David Bowie et « Technologic » de Daft Punk.

Parmentier tiède de topinambours aux truffes de nulle part ou d'ailleurs

plat • coût élevé • préparation : 30 min • cuisson : 15 min • pour 6 personnes

wok - presse-purée manuel - spatule - bols - 2 casseroles

400 g de topinambours - 1 citron - 500 g de pommes de terre Mona Lisa

1 belle truffe noire

100 à 150 g de beurre doux - 1,5 dl de crème double

4 gousses d'ail - 4 gros œufs

10 feuilles d'ache - 1/2 bouquet de ciboulette - 1/2 bouquet de cerfeuil

200 g de gésiers de canard confits - la graisse des gésiers

Épluchez et citronnez les topinambours. Coupez-les en dés de taille moyenne et faites-les cuire à l'eau chaude salée. Épluchez, taillez en dés et faites cuire les pommes de terre dans une autre casserole. Égouttez les topinambours et les pommes de terre cuites.
Chauffez le wok, déposez la graisse et réchauffez les gésiers confits découpés en petits morceaux. Ajoutez la crème double et l'ail préalablement pilé. Placez les topinambours et les pommes de terre cuites dans le wok. Écrasez-les tout en les mélangeant avec le beurre et les herbes concassées finement. Salez et poivrez joyeusement.
Répartissez dans des bols. Émincez très finement et partagez ostentatoirement la truffe. Faites cuire les œufs à la poêle et versez-les sur le sommet des bols.

Se prépare sur « Brain Damage » des Pink Floyd et « Cheap Day Return » de Jethro Tull.

Thunderstruck de gambas

plat sucré/salé • coût élevé • préparation : 15 min • cuisson : 10 min • pour 4 personnes

wok
spatule
théière

- 16 très belles gambas crues décortiquées
- 4 tranches de jambon blanc
- 1 cuil. à soupe de thé vert
- 1 petite boîte de pousses de bambou
- 2 poivrons verts
- 3 courgettes fermes
- 1 botte d'oignons jeunes
- 1 bouquet d'échalotes vertes
- 50 g d'ananas confit coupé en dé
- 1 cuil. à café d'huile d'arachide
- 1 trait soutenu de Worcestershire sauce

1 Faites infuser un demi-litre de thé. Taillez de fines lanières de chair de courgettes à l'Économe. Taillez les poivrons épluchés en lanières, égouttez les pousses de bambou. Émincez finement les bulbes et ciselez leurs verts. Épongez les gambas.

2 Chauffez l'huile dans le wok, faites sauter vivement les gambas sans les superposer (utilisez la grille) et sans atteindre la cuisson complète. Ajoutez les bulbes et leurs verts ciselés. Une fois les gambas sur la grille, ajoutez les lanières de courgettes et de poivrons. Laissez suer à peine quelques minutes, puis mouillez avec le thé vert. Mélangez.

3 Taillez le jambon en fine julienne et ajoutez-le dans le wok. Ajoutez les pousses de bambou et les dés d'ananas confit.

4 Poursuivez la cuisson en ajoutant les gambas. Assaisonnez parcimonieusement de Worcestershire sauce et servez avec purée de piments en condiment.

Le Chef Simon a toujours quelque chose à dire

Le « thunderstruck » vous obligera à constater que les gambas préalablement saisies offrent au palais un plaisir neuf.

Suggestions musicales

Facile : on écoute à la puissance maximale et surtout en boucle « Thunderstruck » du groupe AC/DC ! À fond !

Wok'n
roll

Nougatine traditionnelle

coût moyen • préparation : 10 min • cuisson : 10 min • refroidissement : 30 min • pour plusieurs desserts

plaque à pâtisserie
wok
spatule silicone
feuille silicone

50 g de noisettes mondées
50 g d'amandes effilées
50 g de cerneaux de noix
50 g de noix de cajou
350 g de sucre semoule
10 gouttes de jus de citron

1 Placez au four à 150 °C pendant 10 minutes les fruits secs étalés sur la plaque à pâtisserie.
Mélangez-les pour uniformiser la coloration. Lorsqu'ils sont légèrement colorés, réservez-les.

2 Versez le sucre semoule dans le wok à feu moyen, ajoutez le jus de citron et remuez jusqu'à ce que le mélange blondisse. Le jus de citron favorise la cristallisation et évite au sucre de s'agglomérer.

3 Concassez les fruits secs. Contrôlez la cuisson du sucre (115/120 °C) de façon à obtenir une légère coloration caramel.

4 Ajoutez les fruits secs hors du feu dans le wok. Mélangez sans excès et versez immédiatement la nougatine sur la feuille silicone, puis laissez sécher. Cassez en morceaux, pilez ou mixez.
Servez en garniture de desserts, sur des glaces, des mousses ou des crèmes pour apporter le goût conjugué de la torréfaction et de la caramélisation.

Le Chef Simon a toujours quelque chose à dire

La confection de la nougatine au wok demande de l'attention. Je vous déconseille de vouloir faire vite. Les arômes qui se formeront et la qualité de la cristallisation du sucre en dépendent.

Suggestions musicales

On écoute « Paranoïd Eyes » de *Final Cut* des Pink Floyd et de Roger Waters particulièrement, et « Black Dog » de Led Zeppelin.

Nougatine exotique

coût moyen • préparation : 10 min • cuisson : 10 min • refroidissement : 30 min • pour plusieurs desserts

plaque à pâtisserie
wok
spatule silicone
feuille silicone

50 g de pistaches mondées

30 g de graines de sésame

150 g d'amandes concassées

50 g de noix de pécan - 50 g de noix de cajou

50 g de cerneaux de noix

1 citron jaune

150 g de sucre semoule

100 g de fructose

100 g de vergeoise brune

100 g de miel

30 g de gingembre confit

30 g d'ananas confit

1 Séparément, colorez les pistaches, les amandes concassées, les noix de pécan, de cajou et les cerneaux de noix ordinaires sur plaque à pâtisserie au four réglé à 150 °C, pour obtenir une légère coloration et ainsi évacuer l'humidité.

2 Dans le wok chaud, torréfiez les graines de sésame à sec et débarrassez-les dès que vous sentez l'odeur de grillé.

3 Remplacez les graines de sésame par le miel, le sucre, le fructose et la vergeoise, et faites cuire avec un filet de jus de citron. Portez l'ensemble doucement à l'état de caramel blond.

4 Détaillez les fruits confits. Lorsque le mélange sucré est devenu un caramel blond, incorporez les amandes, les noix juste concassées en mélangeant doucement. Incorporez ensuite les pistaches, les graines de sésame. Faites de nouveau blondir. Complétez avec les fruits confits et versez sur la feuille silicone.
À servir en support de desserts, glaces, concassée, pilée ou brisée.

Le Chef Simon a toujours quelque chose à dire

Le caramel brûlé, ça n'est pas bon ! Ici les variétés de sucre utilisées signifient aussi des degrés de caramélisation et donc de cristallisation différents. La cuisson régulée est nécessaire, si possible à l'aide d'un thermomètre. La température de caramélisation se situera entre 130 et 140 °C.

Suggestions musicales

Se prépare en écoutant « Kaya » interprété par Julian et Damian Marley.

Marmelade pétillante du Grand Nord au sirop d'érable

dessert tiède/froid ou garniture d'entremets • coût moyen • préparation : 15 min • cuisson : 15 min • pour 6/8 personnes

wok
couteaux
planche

- 4 pommes acides à cuire (Boskoop)
- 4 poires crassanes
- 100 g de mûres
- 100 g de groseilles
- 100 g de cassis
- 200 g de fraises
- 1 dl de vodka
- 100 g de sirop d'érable
- 1 petite bouteille de jus de citron jaune bio
- 150 g de sucre
- 4 cuil. à soupe de sucre pétillant

1 Épluchez et citronnez les pommes et les poires. Détaillez-les en morceaux de 1,5 cm sur 1,5 cm.

2 Chauffez le wok et le sirop d'érable, et ajoutez les pommes et les poires. Versez la moitié du jus de citron. Laissez compoter 10 minutes à feu très doux et ajoutez à la fin la vodka.

3 Ajoutez les fruits rouges, portez à ébullition quelques minutes et arrêtez vite la cuisson. Versez le reste du jus de citron et mélangez.

4 À l'envoi, saupoudrez de sucre pétillant, juste avant de passer à table. Servez tiède avec glace au choix, ou laissez refroidir et utilisez en garniture de tarte ou comme dessert.

Le Chef Simon a toujours quelque chose à dire

Cette recette est pour vous si ce livre arrive dans le Grand Nord !

Suggestions musicales

On entrelace les fruits défendus sur le romantique « Power of Love » de Frankie Goes to Hollywood.

Boisson froide ou chaude de Marguerite

coût très faible • préparation : 15 min • cuisson : 30 min • pour 4/6 personnes

wok
planche
couteau - économe

4 pommes
2 oranges - 2 citrons
150 g de sucre candi
2 cuil. à soupe de miel
3 branches de thym
1 gousse de vanille
2 bâtons de cannelle

Épluchez les pommes, brossez les oranges et les citrons. Taillez les fruits en cubes. Dans le wok, versez le miel et ajoutez les fruits. Mélangez jusqu'à apparition de la vapeur. Mouillez avec 1,5 l d'eau.
Ajoutez le thym, la cannelle, la vanille et le sucre candi. Laissez cuire à couvert et doucement pendant une demi-heure. Complétez avec un peu d'eau si la réduction est trop rapide. Le jus doit rester limpide.
Filtrez le tout à l'issue de la cuisson sans presser les fruits. Ceux-ci peuvent se consommer comme une marmelade. Marguerite y ajoutait parfois un trait de rhum pour l'exotisme !

S'accorde très bien avec « Godbluff » de Van der Graaf Generator.

Sauté et flambée de fruits séductibles

dessert • coût moyen • préparation : 15 min • cuisson : immédiate • pour 4/6 personnes

wok
planche - couteaux

40 g de beurre doux
4 bananes - 1 citron
250 g de fraises
8 abricots - 3 pêches
2 cuil. à soupe de vergeoise brune
5 cl de liqueur de mandarine
50 g d'orange confite
arachides non salées
6 boules de glace vanille
1 dl de sirop de grenadine
5 feuilles de menthe - 5 feuilles de basilic

Préparez les fruits et citronnez-les.
Faites cuire le beurre juste noisette. Versez les bananes et 2 cuillerées à soupe de sucre. Portez au caramel blond, puis ajoutez les abricots, les pêches. Versez la liqueur de mandarine. Mélangez délicatement et terminez en répartissant les fraises taillées en quatre.
Servez le sauté/flambé en coupe surmontée d'une boule de glace vanille. Décorez avec l'orange confite taillée en petite julienne et quelques arachides concassées. Nappez d'un peu de sirop de grenadine et pour finir posez une pincée de menthe ciselée et de basilic sur la glace.

Vous pourrez écouter « Fairytale of New York » du surprenant groupe The Pogues.

Trempette cabossée de chocolat guimauve-fraisifiée

dessert • coût moyen • préparation : 30 min • cuisson : 5 min • pour 6/10 enfants surexcités et leurs parents fatigués

wok
planche
couteau

- 300 g de chocolat noir « éthiquable »
- 1/2 l de lait
- 3 étoiles de badiane
- 4 belles gousses de vanille
- 3 bâtons de cannelle
- 1/2 cuil. à café de curry doux
- 1 sachet de bonbons fraises
- 1 paquet de bonbons guimauves blancs
- 500 g de fraises encore fermes
- 10 bananes pas trop mûres citronnées
- 40 g d'amandes effilées séchées au four
- 12 brochettes en bois

1 Chauffez le lait, la badiane, la cannelle et la vanille ensemble et lentement dans le wok.

2 Versez le chocolat dans le wok et mélangez hors du feu jusqu'à obtention d'une sauce limpide. Débarrassez des bâtons de cannelle et étoiles de badiane. Ajoutez le curry et gardez tiède.

3 Piquez les guimauves, les bonbons fraises, les bananes coupées en larges rondelles et citronnées ainsi que les fraises nettoyées sur des petites brochettes composées ou individuelles.

4 Nappez les brochettes avec le chocolat ou trempez-les dans la sauce puis les amandes séchées.

Le Chef Simon a toujours quelque chose à dire

Il est souvent difficile d'arriver au bout de cette préparation… les bonbons s'étant bizarrement évaporés. Le choix des fruits est subjectif, mais préférez des fruits mous plutôt que croquants, afin d'allier la douceur des textures.

Suggestions musicales

Après de longues décennies d'oubli, on se fait un plaisir potache et prépubère en réécoutant « Coz I Luv You » de l'éphémère groupe Slade.

Crème anglaise impériale aux poires poivrées et à la vanille épuisée

dessert • coût moyen • préparation : 30 min • cuisson : 15 min • pour 4 personnes

wok - saladier

fouet

spatule silicone à bords plats

étamine

poche à douille

1/2 l de lait entier
5 jaunes d'œufs
70 g de sucre semoule
150 g de sucre cristal
1 gousse de vanille
poivre noir concassé
menthe poivrée
4 poires à cuire
1 citron jaune
1 brick de crème liquide entière
25 g de sucre glace
8 spéculoos brisés

1 Séparez les blancs des jaunes d'œufs. Conservez les blancs pour d'autres réalisations. Épluchez les poires (en laissant la queue), retirez le trognon, citronnez, et pochez-les à petite ébullition 10 minutes dans un sirop composé d'un demi-litre d'eau citronnée et de 150 g de sucre cristal parfumé d'une gousse de vanille fendue.

2 Chauffez le lait dans le wok. Blanchissez les jaunes et le sucre au fouet dans le saladier. Versez la moitié du lait sur les jaunes et mélangez. Versez le mélange détendu dans le lait restant et mélangez régulièrement, à feu très doux, avec la spatule silicone.

3 Lorsque la crème s'épaissit, sans attendre l'ébullition, filtrez et placez au froid. Poivrez au moulin. Ciselez finement la menthe.

4 Montez la crème en chantilly ferme et ajoutez le sucre glace. Dans des assiettes creuses, répartissez les spéculoos brisés. Égalisez la base des poires pour pouvoir les poser droites dans une assiette creuse. Nappez de crème anglaise. À l'aide d'une poche répartissez la chantilly autour des poires. Décorez avec la menthe ciselée.

Le Chef Simon a toujours quelque chose à dire

Il est possible de modifier cette recette en servant ses différents composants à des températures inégales : poires chaudes, crème anglaise tiède et chantilly froide. Les écarts de température vous permettront de varier les plaisirs.

Suggestions musicales

« Cayenne » de Jacques Higelin et « Day-O » de Harry Bellafonte juste pour le rythme ! Parce que les îles ne se limitent pas au soleil et aux cocotiers...

Tempuras de fruits autochtones et exotiques sur canapés fruités

goûter/dessert • coût faible • préparation : 25 min • cuisson : 5 min • pour 4/6 personnes

wok - saladier - écumoire
plat - papier absorbant

200 g de fraises

200 g de cerises burlats ou cœurs-de-pigeon

1 ananas

4 bananes

100 g de bananes séchées

150 g de gelée de groseille

150 g de confiture d'abricots

3 cl de kirsch

125 g de farine - 2 œufs

1 pincée de sel

2 cuil. à soupe d'huile

6 tranches de brioche

150 g de sucre cristal

70 g de sucre glace

1 Réalisez la pâte à frire. Mettez dans un saladier : 125 g de farine tamisée, 1 pincée de sel, 2 cuillerées d'huile ou de beurre fondu, 1 à 2 dl d'eau tiède et 2 jaunes d'œufs. Mélangez en soulevant avec la cuiller. Laissez au repos le temps de préparer les garnitures.

2 Épluchez les fruits et détaillez-les en morceaux réguliers. N'équeutez pas les fraises, dénoyautez les cerises.

3 Tartinez superficiellement les tranches de brioche avec les confitures. Faites chauffer l'huile dans le wok, placez la grille et préparez l'écumoire.

4 Montez les blancs en neige et incorporez-les au dernier moment à la pâte à frire. Trempez la brioche et faites frire. Retournez jusqu'à obtention d'une belle coloration et débarrassez. Trempez les fruits, préalablement roulés dans le sucre cristal, dans la pâte à frire et faites cuire jusqu'à coloration. Débarrassez sur papier absorbant et saupoudrez de sucre glace. Servez fruits et brioches avec le restant de la confiture détendue au kirsch.

Le Chef Simon a toujours quelque chose à dire

Le moderne « tempura » ressemble étrangement à son cousin ringardisé qu'est le beignet. Ici on différencie la pâte à beignet de la pâte à frire... et vous avez encore le droit de choisir les fruits que vous préférez.

Suggestions musicales

« Gimme All Your Lovin » des désespérants Desperados ZZ Top !

Risotto lacté à l'Arlequin

dessert • bon marché • préparation : 25 min • cuisson : 20 min • pour 4/6 personnes

wok
casserole moyenne
fouet
spatule trouée
petits bols ou verrines

50 g de sucre
50 g de beurre
150 g de riz à risotto
2,5 dl de lait écrémé
2,5 dl de crème liquide
20 bonbons acidulés, fruités

1. Dans une casserole faites chauffer lait et crème avec 15 bonbons. Lorsque ceux-ci sont fondus, réservez le liquide.

2. Dans le wok, faites fondre à sec 50 g de sucre, et quand celui-ci devient un caramel blond, versez un quart de mélange lait/crème. Mélangez et versez le riz.

3. Faites lentement chauffer et ajoutez le liquide au fur et à mesure que le riz l'absorbe.

4. Concassez finement les 5 bonbons restants et saupoudrez le risotto avec ces éclats de sucre. Servez chaud.

Le Chef Simon a toujours quelque chose à dire

Le risotto est sans discussion possible meilleur quand il n'est pas brûlé, et notamment lorsqu'il est sucré ! Donc il est nécessaire de rester les yeux rivés sur le wok et de ne cesser en aucun cas de remuer la spatule.

Suggestions musicales

Le voluptueux et néanmoins rabelaisien risotto sucré se mariera avec la doucereuse complainte « Sexy Sadie » des Beatles et « She Came in Through the Bathroom Window », des mêmes !

Gnocchis aux oranges confites en chaud ou froid

dessert chaud ou goûter froid • coût faible • préparation : 20 min • cuisson : 5 min • refroidissement : 2 h • pour 8 personnes

wok - casserole
robot mixer
fouet - spatule
emporte-pièce
plat - papier sulfurisé

2 dl de lait d'amande
2 dl de lait de coco
1/2 l de lait
2 dl de crème liquide
50 g de beurre doux
150 g de sucre semoule
200 g de semoule de blé fine
2 œufs - 4 jaunes d'œufs
60 g d'oranges confites
1 paquet de gaufres croustillantes
100 g de fructose cristal
1/4 l de jus d'orange
1 cuil. à café de fécule
20 g de sucre glace

1 Chauffez les laits (amande, coco, vache) et la crème ensemble dans le wok et faites-y fondre le beurre. Chauffez dans une casserole le jus d'orange. Délayez la fécule dans un petit peu d'eau froide. Versez-la dans le jus d'orange et laissez chauffer jusqu'à la liaison. Débarrassez aussitôt au froid.

2 Versez en pluie dans le wok la semoule de blé, en remuant d'abord au fouet pour une meilleure répartition, et faites cuire à feu très doux. Blanchissez les œufs et les jaunes avec le sucre et le fructose. Ajoutez-les dans le wok, et laissez cuire doucement sans cesser de remuer à la spatule.

3 Lorsque l'ensemble commence à épaissir, ajoutez les oranges confites mixées et versez le tout sur du papier sulfurisé légèrement huilé dans un plat. Lissez sur une épaisseur moyenne de 1,5 cm de hauteur. Placez au froid pour que l'ensemble fige.

4 Détaillez la semoule à l'emporte-pièce, détachez soigneusement les gnocchis et posez-les sur les gaufrettes. Pour un service froid : versez un cordon de jus d'orange lié autour de la gaufrette, puis saupoudrez de sucre glace. Pour un service chaud : saupoudrez de sucre glace et placez sous le gril jusqu'à apparition de petites taches de caramel en surface.

Le Chef Simon a toujours quelque chose à dire

Pour la cuisson de la semoule fine... inutile d'attendre la surfusion, la carbonisation. La délicatesse de l'agrume suffit à sublimer les arômes inattendus sans qu'il soit nécessaire d'ajouter de l'alcool d'orange.

Suggestions musicales

On écoute de manière décomplexée l'unique « Purple Rain » du roi Prince ...

Ganache pas gâchée au thé vert en macédoine

desserts ou mignardises en verrines • coût moyen • préparation : 15 min • cuisson : 10 min • pour 8 personnes

wok
fouet
saladier
verrines ou ramequins

1 dl de thé vert
1 dl de crème liquide entière
400 g de chocolat noir
1 mangue
4 litchis
16 fraises
16 framboises
4 meringuettes

1 Préparez les fruits exotiques en macédoine de petits dés. Répartissez la moitié de cette macédoine dans le fond des ramequins ou des verrines.

2 Préparez le thé sans aucun cérémonial. Brisez les meringuettes sur les fruits et déposez le reste de la macédoine sur les meringues brisées.

3 Filtrez le thé dans le wok et portez-le doucement à petite ébullition. Hors du feu ajoutez le chocolat et mélangez pour obtenir une consistance liée. Ajoutez la crème et faites gargouiller à nouveau en respectant la musique.

4 Laissez tiédir 20 minutes et versez cette ganache dans les verres. Servez tiède, froid ou figé. Accompagnez de fraises et framboises.

Le Chef Simon a toujours quelque chose à dire

Dessert simple et pas surfait du tout. Équilibre idéal entre le voluptueux, l'acide, le mou et le craquant.

Suggestions musicales

Se cuisine, se regarde et se déguste à chaque étape sur les spaces mélodies du groupe mystiquement mythique Gong : « Flying Teapot », « Radio Gnome In-vi-si-ble » et « Where Have All the Flowers Gone ».

« Iguane » au sang froid de betteraves rouges et cœurs-de-pigeon

grignotage • bon marché • préparation : 25 min • cuisson : 5 min • pour 6/8 personnes

wok
mixeur plongeant
plat
piques en bois

200 g de betteraves rouges cuites sous-vide

200 g de cerises cœurs-de-pigeon dénoyautées

4 g d'agar-agar

30 g de fructose

1 cuil. à café de graines de sésame grillées

50 g de sucre perlé

1 Mixez les betteraves de façon à obtenir une purée. Ajoutez un peu de jus de betterave pour homogénéiser si nécessaire et incorporez l'agar-agar et le fructose.

2 Versez dans le wok et portez à ébullition sans cesser de mélanger.

3 Dans un plat, alignez les cerises maintenues par trois sur un pique en bois. Versez la purée de betterave figée. Si nécessaire, replacez les brochettes de cerises parallèles les unes aux autres.

4 Détaillez en bâtonnets autour des cerises. Passez dans les graines de sésame et, si vous en avez, le sucre perlé.

Le Chef Simon a toujours quelque chose à dire

De l'audace, toujours de l'audace. L'ancestral agar-agar contredit ici totalement l'utilisation habituelle du wok. Soyez attentif à la qualité de l'agar employé ; en effet sans sa « force », il n'est pas de bonne gélification.

Suggestions musicales

Si on écoute « I Am a Passenger » de Iggy Pop avec David Bowie, c'est encore meilleur !

Explosion de poires et pommes en crumble de spéculoos

dessert • coût moyen • préparation : 20 min • cuisson : 20 min • pour 8 personnes

wok
plat à gratin

4 pommes
4 poires
1 citron jaune
100 g de sucre semoule
50 g de sucre cristal
1 pincée généreuse de cannelle
1/2 cuil. à café de vanille liquide
1 dl de cidre
2 cl de calvados
1 paquet de spéculoos
40 g de beurre doux
50 g de maïs à pop-corn

1 Chauffez le wok lentement, versez le maïs et laissez exploser les pop-corn. Secouez nerveusement le wok pendant le feu d'artifice. Saupoudrez de sucre cristal et débarrassez.

2 Épluchez pommes et poires et détaillez-les en quartiers réguliers, puis citronnez-les. Chauffez le beurre dans le wok et placez les fruits. Faites sauter avec le sucre semoule. Ajoutez la cannelle, la vanille, le cidre et le calvados quand le caramel apparaît. Mélangez sans laisser compoter pendant 5 minutes de cuisson.

3 Répartissez les pop-corn dans le fond du plat, puis placez les pommes et poires sautées, et enfin répartissez les spéculoos réduits en chapelure irrégulière sur la surface.

4 Placez au four jusqu'à coloration et léger dessèchement en surface.

Le Chef Simon a toujours quelque chose à dire

Servez cette déclinaison tatinesque avec une glace vanille et une crème Chantilly.

Suggestions musicales

S'accompagne et se goûte à l'oreille de « Blues for Salvador » de Carlos Santana et de la « 5th Beethoven » interprétée par Joe Satriani !

picato
CUSTOM
ingford Group Gear
Chingford Mount Road
Tel: 01-524 1446
RUM CITY
ORANGE HIRE
AT YOUR LOCAL STORE NOW
GUITAR VILLAGE
N' CARRY
33%
OWEST PRICES IN THE U.K.
CIAL OFFER
discounts of up to 40%
AMPLIFICATION
SOUND LIVE O
General Electro Music (UK) Limite
Ashville Estate · Royston Road · Ba
Telephone: Baldock
FENDER SOUNDHOUSE
Very large selection of Guitars,
Amplifiers. PA, etc., for profes
sional or amateur.
EST EALING, W.13
0212

Confimarmelades sphériques de melon aux pignons de pin

dessert • bon marché • préparation : 10 min • cuisson : 15 min • pour 4 personnes

wok
spatule
presse-agrumes
zesteur

500 g de billes de melon congelées ou fermes

2 cuil. à soupe de miel

2 cuil. à soupe de sucre pour confiture

1 noix de gingembre

50 g de pignons de pin

4 citrons verts

1 Faites chauffer le wok et griller les pignons de pin avec le miel, puis ajoutez les zestes d'un citron vert et le jus des autres.

2 Coupez le gingembre en fines tranches et ajoutez-le dans le wok. Placez les billes de melon encore congelées dans le wok. Saupoudrez de sucre à confiture.

3 Laissez cuire pendant 15 minutes au moins en surveillant. Puis laissez reposer jusqu'à refroidissement.

4 Servez en dessert ou en garniture de salade de fruits. Accompagnera admirablement le cake qui accompagnerait idéalement le thé à la menthe.

Le Chef Simon a toujours quelque chose à dire

Vous ne devez pas trouver de résidu humide à l'issue de la cuisson. Si c'est le cas, poursuivez la cuisson quelques minutes supplémentaires.

Suggestions musicales

On se laisse emporter par « Fool's Overture » et « From Now on » de Supertramp.

Rhubarbe, cannelle et raisins en aumônières, fraises et menthe poivrée

dessert • coût moyen • préparation : 30 min • cuisson : 25 min • pour 6 personnes

wok

3 œufs - 1/2 l de lait
5 cl d'huile
250 g de farine
20 g de beurre
1 pincée de cannelle
300 g de rhubarbe épluchée
50 g de raisins secs
200 g de fraises
10 feuilles de menthe poivrée et leur tige
crème Chantilly en bombe
30 g de sucre glace
1 cuil. à café de sucre vanillé
1 dl de porto rouge
le jus de 2 citrons
1 pincée de poivre « mignonnette »

1. Réalisez un demi-litre de pâte à crêpes avec le lait, les œufs, la farine et l'huile. Faites cuire les crêpes en les gardant blondes.

2. Épluchez et tronçonnez la rhubarbe. Équeutez les fraises. Faites chauffer le beurre et placez la rhubarbe taillée en tronçons moyens. Ajoutez la cannelle, les raisins secs, le sucre (glace et vanillé) et le jus de citron.

3. Laissez cuire mi-couvert lentement pendant une vingtaine de minutes en mélangeant.

4. Placez les fraises coupées sur les crêpes et ajoutez le porto et le poivre. Ajoutez la chantilly surmontée de la menthe ciselée finement. Placez quelques éclats de poivre en mignonnette et refermez les aumonières en liant avec les tiges de menthe.

Le Chef Simon a toujours quelque chose à dire

Pas de panique, le poivre associé aux desserts est un étonnement. Ici l'acide, le sucré, le piquant s'entrechoquent dans leur écrin de douceur mœlleuse !

Suggestions musicales

Se prépare en écoutant « Get Ready » de Rare Earth et se déguste en se régalant de « I Love You Much Too Much » de Carlos Santana.

Fondue de guimauve Pompéi terriblement régressive

dessert ou goûter festif • coût moyen • préparation : 20 min • cuisson : 10 min • pour 6 personnes

wok

fourchettes à fondue ou piques en bois

1 paquet de bonbons guimauves blancs

300 g de chocolat blanc

300 g de crème liquide

1 cuil. à soupe de vermicelles chocolat

1 cuil à soupe de vermicelles multicolores

250 g de fraises

1. Nettoyez les fraises, coupez-les en deux.
2. Dans le wok, faites chauffer la crème doucement, ajoutez le chocolat blanc en morceaux et mélangez sensuellement. Une fois le chocolat fondu, apportez-le à table.
3. Maintenez au chaud sans faire cuire.
4. Piquez les guimauves et les fraises en duo et trempez-les dans le chocolat, puis roulez les guimauves dans les vermicelles. Accompagnez ce goûter de glaces, de mousses, de crèmes de tout acabit !

Le Chef Simon a toujours quelque chose à dire

On ne peut pas penser à Pompéi sans imaginer la force de la lave, ici représentée poétiquement par la guimauve fondue. Bien entendu la liquéfaction se fait doucement car gélatine et protéines demandent une montée en température lente pour retrouver l'état fluide. On a le temps de visionner « Live at Pompéi » des Pink Floyd !

Suggestions musicales

À être déjantés, déchantons avec cette déstructuration musicale surprenante : « Harder Better Faster Stronger » de Daft Punk.

Index des recettes

Woks salés

Woks sucrés

Infos mesures

	1 cuil. à café rase	1 cuil. à soupe rase
Farine	5 g	15 g
Sucre	6 g	20 g
Liqueur	0,5 cl ou un trait	1 cl
Fécule	5 g	15 g
Vin/eau	0,5 cl	1 cl

DISCOGRAPHIE (par ordre d'apparition)

Titre	Album	Artiste/ Groupe	Maison de disque
The Show Must Go On	*The Wall*	Pink Floyd	EMI
Tout le monde il est beau, tout le monde il est gentil	B.O. du film éponyme	Jean Yanne	Emarcy
Walk on the Wild Side	*The Best of Lou Reed*	Lou Reed	RCA
Back to Black	*Back to Black*	Amy Winnehouse	Universal
Requiem	*Beat*	King Crimson	Virgin UK
Douce	*Jus de Box*	Arno	Delabel
Amused to Death	*Amused to Death*	Roger Waters	Columbia
Osez Joséphine	*Osez Joséphine*	Alain Bashung	Barclay
Privé	*Pizza*	Alain Bashung	Barclay
I Am Your Animal	*Live Etc*	Gong	Virgin Records
Monologue du sergent instructeur Hartman	*Transcription*	Stanley Kubrick	Film de Stanley Kubrick,1987
Comfortably Numb	*The Wall*	Pink Floyd	HARVEST
Tropical Fish	*Selene*	Gong	Virgin
I'm Sorry Man, No Fish Today	*Tropical Gangsters*	Kid Créole & The Coconuts	Island Records
Anarchy in the U-K	*Never Mind the Bollocks*	The Sex Pistols	Virgin Records
My My Eh Eh	*Rust Never Sleep*	Neil Young and Crazy Horse	Reprise
I'm a Man of Constant Sorrow	B.O. du film *O'Brother, Where Art Thou ?* des Frères Cohen	Soggy Bottom Boys feat. Dan Tyminski	Mercury
Mamadou l'épicier	*In the Heart of the Moon*	Ali Farka Touré et Toumani Diabaté	World Circuit Production
Late Home Tonight	*Amused to Death*	Roger Waters	Columbia
Within You Without You	*Sergent Peppers Lonely Heart Club Band*	The Beatles	Apple Record
My Sweet Lord	*All Things Must Pass*	George Harrisson	EMI
Satisfaction	*The Best of Hot Rocks : Rolling Stones*	The Rolling Stones	ABKCO
No Future	*Never Mind the Bollocks*	The Sex Pistols	Virgin Records
Child in Time	*In Rock*	Deep Purple	EMI
Aux armes etc.	*Aux armes etc.*	Serge Gainsbourg	Philips
Slow Food	*Strange*	Aston Villa	Double T Musique
Douce France	*Ramsa*	Carte de séjour	Piranha
Le Tango de l'ennui	*Rachel*	François Béranger	Escargot
Le Tango de l'ennui	*Le Tango des gens*	Sanseverino	Sony BMG
Redemption Song	*Bob Marley-Redemption Song*	Bob Marley	Island Records
Exodus	*Exodus (De Luxe édition)*	Bob Marley	Tuff Gong
I Want to Know	*Svalutation*	Adriano Celentano	WEA Filipacchi Music
Stand by Me	*Le Origini de Adriano*	Adriano Celentano	Sony BMG
Accross the Universe	*Let It Be*	The Beatles	Apple Record
The Black Angel's Death Song	*Andy Warhol*	The Velvet Underground & Nico	Polydor
Time	*Aladin Slane*	David Bowie	EMI
Time	*The Dark Side of the Moon*	Pink Floyd	EMI
Speed Metal Symphony	*Speed Metal Symphony*	Cacophony	Shrapnel
Heroin	*Andy Warhol*	The Velvet Underground &Nico	Polydor
It's a Miracle	*Amused to Death*	Roger Waters	Columbia
Good Morning	*Sergent Pepper's Lonely Heart Club Band*	The Beatles	EMI/Apple Record
Don't Let Me Be Misunderstood	*Santa Esmeralda*	Santa Esmeralda	ZYX
Black Magic Woman	*The Ultimate Collection*	Carlos Santana	Sony Music
The Least We Can Do Is Wave to Each Other	*The Least We Can Do Is Wave to Each Other*	Van der Graaf Generator	Virgin UK
Father's Shout	*Atom Heart Mother*	Pink Floyd	EMI
Lady Grinning Soul	*Aladin Slane*	David Bowie	EMI
Technologic	*Alive 2007*	Daft Punk	Virgin
Brain Damage	*Dark Side of the Moon*	Pink Floyd	EMI
Cheap Day Return	*Aqualung*	Jethro Tull	Chrysalis Records Ltd
Thunderstruck	*The Razor's Edge*	AC/DC	Epic
Paranoïd Eyes	*The Final Cut*	Pink Floyd	EMI
Black Dog	*Led Zeppelin IV*	Led Zeppelin	Atlantic Recording Corporation
Kaya	*Kaya*	Bob Marley (& Sons)	Tuff Gong
Power of Love	*Welcome to the Pleasure*	Frankie Goes to Hollywood	ZTT
Godbluff	*Godbluff*	Van der Graaf Generator	Virgin UK
Fairytale of New York	*The Best of the Pogues*	The Pogues	Warner music UK
Coz I Luv You	*Sladest*	The Slade	Polydor
Cayenne	*Champagne pour tout le monde*	Jacques Higelin	EMI
Day-O	*The Greatest Hits of Harry Bellafonte*	Harry Bellafonte	BMG Artists
Gimme All Your Loving	*Eliminator*	ZZ Top	Warner Bros
Sexy Sadie	*The White Album*	The Beatles	EMI/Apple
She Came in Through the Bathroom Window	*Abbey Road*	The Beatles	EMI/Apple
Purple Rain	*5-inch Compact Disc Single*	Prince	Warner/WEA Musik
Flying Teapot	*The Flying Teapot- Radio Gnome Invisible Part 1*	Gong	Virgin Records
Radio Gnome Invisible	*The Flying Teapot- Radio Gnome Invisible Part 1*	Gong	Virgin Records
Where Have All The Flowers Gone	*Live Etc*	Gong	Virgin Records
I Am a Passenger	*The Passenger*	Iggy Pop	Virgin Records
Blues for Salvador	*The Ultimate Collection*	Carlos Santana	Sony Music
5th Beethoven	Unknown	Joe Satriani Ingwie Malmsteen	Unknown
Fool's Overture	*The Very Best of Supertramp 2*	Supertramp	AM Records
From Now on	*The Very Best of Supertramp Collection*	Supertramp	AM Records
Get Ready	*Collection*	Rare Earth	Universal
I Love You Much Too Much	*The Ultimate Collection*	Carlos Santana	Sony Music
Harder Better Faster Stronger	*Discovery*	Daft Punk	Virgin Records